LA POSSIBILITÀ DI UN'ILLUSIONE

La possibilità di un'illusione
Francesco Zampacavallo

Editing a cura di Angelica Belà

2020 - Edizioni Z

LA POSSIBILITÀ

DI

UN'ILLUSIONE

FRANCESCO ZAMPACAVALLO

4

INDICE:

LA POSSIBILITÀ DI UN'ILLUSIONE

1. BIOLOGIA, IDENTITÀ E SPIRITUALITÀ

I risultati delle ultime ricerche nei campi della genetica e della paleoecologia svelano che la specie Homo Sapiens è nata nel continente africano circa 300.000 anni fa in un contesto popolato da una pluralità di specie umane, per poi espandersi a macchia d'olio in gran parte delle terre emerse nel volgere dei millenni, fino a rimanere, circa 40.000 anni fa, l'unica specie umana presente sul pianeta.

Al riguardo si ipotizza che Homo Sapiens sia stata l'unica sopravvissuta tra le plurime specie umane un tempo compresenti perché dotata, rispetto alle altre, di facoltà linguistiche, immaginative e tecniche più complesse e articolate, che le hanno permesso di sviluppare strutture sociali in grado di farla sopravvivere e prosperare, massimizzando nel tempo le sue capacità di manipolare la natura circostante.

Le facoltà linguistiche, immaginative e tecniche garantiscono pertanto un vantaggio evolutivo a Homo Sapiens e costituiscono le peculiarità che lo differenziano sia dal regno animale che dalle altre specie umane estinte.

La conformazione dell'apparato fonatorio di Homo Sapiens gli ha dato la facoltà di produrre suoni articolati, la posizione eretta ha permesso ai suoi arti superiori di acquisire capacità manipolatorie inusitate e la sua struttura cerebrale ha permesso lo sviluppo delle facoltà immaginative potenzialmente illimitate.

L'interrelazione operativa di queste tre facoltà ha poi fornito le risposte, sotto forma di illusioni/finzioni condivise, alle necessità materiali, spirituali e identitarie di Homo Sapiens, facendo germogliare e crescere di pari passo strutture sociali sempre più organizzate, complesse, dotate di senso.

All'alba dei primi uomini l'attribuzione di senso al mondo, al dolore e alla morte avveniva attraverso le razionalizzazioni intuitive prodotte dagli apparati psichici, mnestici e sensoriali, i quali sono spesso e volentieri ingannevoli per quanto concerne l'interpretazione della realtà.

Tuttavia, quando casualmente le razionalizzazioni errate avevano un effetto concreto e positivo sulla sopravvivenza e riproduzione del gruppo (o della specie), queste si naturalizzavano fino a diventare leggi etico-morali e comportamentali introiettate da insiemi di individui sempre più ampi.

In questo quadro le finzioni/illusioni condivise risultano nevralgiche per la sopravvivenza e la crescita della specie e delle società/civiltà da lei prodotte, in quanto innescano processi di formazione delle identità dei singoli in rapporto al gruppo di appartenenza o non appartenenza, e in questo senso risponderebbero alla necessità - innata negli esseri umani - di costruire identità illusorie, utili a farli esistere in relazione agli altri e a garantire loro maggiori prospettive di sopravvivenza.

È inoltre ipotizzabile che questa atavica inclinazione degli esseri umani a credere alle finzioni/illusioni condivise sia anche frutto della necessità di dare un senso al dolore psicofisico scaturito dalla percezione della finitezza della vita dei propri cari e di se stessi.

Nell'attimo in cui avverte la propria e altrui finitezza, l'essere umano tende a cadere in uno stato di angoscia, che può essere superato solo conferendo un senso, seppur illusorio, alla caotica irrazionalità di un mondo ormai ineluttabilmente filtrato dalla coscienza della Morte, della sofferenza, del caos e del mistero.

Attraverso questi processi di attribuzione di senso alla non esistenza e al dolore da questa scaturito sono nate e cresciute le illusioni che, una volta condivise da gruppi più o meno grandi di esseri umani, hanno avuto la possibilità di concretizzarsi nella realtà (totemismo, animismo, sciamanesimo, politeismo, monoteismo, ecc.).

Da un lato gli umani, dovendo sopravvivere nella natura, si sono ingegnati a manipolarla attraverso la tecnica per ricavarne il nutrimento e le difese necessarie alla sopravvivenza biologica (caccia, raccolta, pesca, agricoltura, costruzione di ripari, ecc.); dall'altro lato, per risolvere lo squilibrio psicofisico generato dalla coscienza della Morte e del dolore da essa generato, si sono ingegnati a ricavare un senso seppur illusorio dalla Morte stessa.

Se la caccia, la raccolta, l'agricoltura, l'allevamento sono le risposte alle necessità strettamente biologiche degli esseri umani, cibo per il corpo, le illusioni/finzioni condivise (culti, religioni, ideologie, ecc.) rappresentano invece le risposte alle necessità identitarie e spirituali, cibo per l'anima.

In questi processi di creazione e attribuzione di soluzioni dotate di senso alle sfide della sopravvivenza, le risposte alle necessità materiali, spirituali e identitarie si influenzano vicendevolmente, rompendo i confini tra il mondo materiale e quello immateriale e dando vita a ordini sociali fondati su illusioni/finzioni condivise.

Non deve quindi sorprendere l'odierna predisposizione di ampi gruppi di Homo Sapiens a credere alle illusioni/finzioni, nuove o vecchie che siano, soprattutto nei momenti in cui il velo di Maya viene squarciato da crisi sistemiche, cataclismi naturali, guerre e perenni situazioni emergenziali, che li pongono di fronte all'ineluttabile percezione di un *Assurdo* (perdita di orizzonti di senso) foriero di *Angoscia* (paura della Vita, della Morte e del Futuro), la quale può essere metabolizzata attraverso la credenza in illusioni/finzioni condivise.

In conclusione del capitolo e in base a quanto fin qui sostenuto, possiamo affermare che l'unica creatura dotata di senso (un significato superiore) nel mondo è l'uomo stesso, proprio perché è l'unico essere che necessita di orizzonti di senso, seppur illusori, finalizzati alla sua sopravvivenza biologica e psichica.

2. HOMO SCHIZOFRENICUS

Secondo gli ultimi studi in ambito paleoecologico, Homo Sapiens vive sulla terra da circa 300.000 anni e solo gli ultimi 10.000 anni della sua esistenza sono stati caratterizzati dall'agricoltura e dall'allevamento.

Egli avrebbe quindi trascorso circa 290.000 anni sulla terra cacciando animali selvatici e raccogliendo i frutti della natura, pertanto si ipotizza che tale modalità di sopravvivenza possa aver plasmato le capacità cognitive della specie, le stesse capacità cognitive che gli esseri umani utilizzano odiernamente per decifrare gli stimoli del mondo esterno e dargli delle risposte dotate di senso.

Questo Homo Sapiens cacciatore-raccoglitore, in assenza di una tecnica altamente sviluppata e di un pensiero propriamente scientifico, deve sopravvivere al caos insito nella natura decifrando e dando risposte agli stimoli prodotti da quest'ultima.

In un contesto simile, è probabile che il suddetto individuo fosse dotato di un'acutizzata percezione sensoriale e da una preminente tendenza a utilizzare il pensiero intuitivo, caratterizzato da un potenziale immaginativo che ha la facoltà di attribuire senso e significati, seppur illusori, alla realtà circostante.

Al punto nevralgico delle facoltà cognitive della nostra specie si verrebbe dunque a collocare un immaginario biologico/intuitivo più basilare di quello propriamente culturale, che interviene nella comprensione causale del mondo fisico.

Recenti ricerche in ambito etnofilologico e cognitivo identificano la cellula staminale di questa facoltà immaginativa con il fenomeno neuro-cognitivo denominato *Apofenia*, che si manifesta con la tendenza a creare significati stabilendo nessi causali tra immagini irrelate dal punto di vista logico/razionale.

Il pensiero intuitivo, i processi apofenici a esso sottesi e l'uso del linguaggio andrebbero a formare il modulo cognitivo della credenza: il cacciatore-raccoglitore, per risolvere in modo veloce e sensato le sfide della natura, tende a stabilire tra i fenomeni delle connessioni immaginarie e a credere risolutamente nella loro esistenza alla stregua degli schizofrenici.

Nelle società primordiali il processo di attribuzione di senso al mondo incorpora l'interpretazione del regno dei sogni, degli stati alterati di coscienza, delle ipnosi e delle allucinazioni; e questi stati mentali e il materiale simbolico da loro prodotto sono percepiti come interconnessi alla realtà vera e propria e orientano i comportamenti.

Il cacciatore-raccoglitore risulterebbe pertanto affetto da una mania referenziale che lo spinge a interpretare incessantemente la natura in cui è immerso, una mania che può scivolare nella confabulazione interiore o nella percezione di voci esterne che guidano l'azione nella trance e nell'allucinazione.

In questo contesto la schizofrenia, intesa come mania all'iperlettura della realtà, potrebbe essere considerata come la traccia arcaica di una tendenza adattiva, vantaggiosa per i bisogni cognitivi e biologici dei cacciatori-rac-coglitori.

L'odierna teoria della mente duale conferisce un peso non indifferente al pensiero intuitivo di Homo Sapiens nella comprensione di ciò che lo circonda, confermando l'ipotesi che i cacciatori/raccoglitori del paleolitico condi-vidono con gli uomini contemporanei gli stessi meccani-smi cognitivi.

Recenti studi nel campo della psicologia cognitiva ipo-tizzano l'esistenza di due modalità di pensiero integrate e interconnesse in Homo Sapiens - pensiero intuitivo e pen-siero complesso -, che intervengono nell'interpretazione degli stimoli provenienti dal mondo esterno.

Il *pensiero intuitivo* (emozionale, mnestico e sensazio-nale) si basa sulle convinzioni cristallizzate, sui pregiudi-zi, sui ricordi anche fallaci, sugli stereotipi, sui sistemi di valori e sulle leggi comportamentali introiettate e natura-lizzate.

Questo sistema di pensiero è utile per prendere decisio-ni rapide di fronte ai pericoli, per economizzare lo sforzo cognitivo nell'interpretazione della realtà, per semplifica-re la complessità del reale e per eseguire compiti com-plessi col minimo dispendio di energia.

Finché nessun evento viola il modello di mondo cui fa costante riferimento il pensiero intuitivo, *il pensiero com-plesso* rimane in stand-by. D'altra parte, nel momento in cui un evento viola il modello di mondo a cui fa riferi-mento il *sistema intuitivo* (impossibilità di comprendere i fenomeni tramite l'intuizione), quest'ultimo chiama in soccorso il *sistema complesso* affinché proceda a una decodifica e all'elaborazione dettagliata dello stimolo per risolvere il problema a esso legato.

Tuttavia il *pensiero intuitivo* può divenire obsoleto e fallace nel momento in cui, posto davanti ai suoi limiti, invece che chiamare in causa il *pensiero complesso*, continua a ripiegarsi su se stesso, nell'errata e inconscia convinzione del soggetto di utilizzare il *sistema complesso* mentre in realtà utilizza il *sistema intuitivo*.

Questa dinamica si pone in essere perché siamo inclini per natura a mantenere o cercare la fluidità cognitiva, l'equilibrio psichico, il risparmio energetico del nostro sforzo mentale, al fine di risolvere i problemi e mantenere un orizzonte di senso, seppur illusorio, in grado di ordinare il caos dell'esistenza.

Ma la tendenza a utilizzare il *sistema di pensiero intuitivo*, oltre a conferirci innegabili vantaggi, ci rende allo stesso tempo manipolabili, proprio perché siamo potenzialmente disposti a credere a qualsiasi cosa venga condivisa e ritenuta reale da un gruppo di persone più o meno ampio. Ad esempio, nella nostra società, il marketing e la politica conoscono molto bene le inclinazioni cognitive che albergano negli esseri umani e le sfruttano per allargare la base di clienti o di elettori, nella maggior parte dei casi ignari di essere manipolati in maniera subliminale.

3. HOMO POETICUS

In un contesto ecologico dove scegliere velocemente può fare la differenza tra la vita e la morte, senso e segno vengono esperiti come una cosa sola, ed è proprio il loro nesso (anche se illusorio) a favorire l'interpretazione dei fenomeni in modo funzionale alla sopravvivenza.

Nelle società basate sulla caccia e la raccolta è lo sciamano a farsi carico della connessione tra immaginario e simbolo attraverso un linguaggio generatore di significati.

Durante le sue esibizioni egli conferisce un significato concreto alle *Apofenie* reiterandole ciclicamente e ricollegandole ai tempi mitici delle origini. Attraverso il racconto di caccia, lo sciamano trasmette dati tecnici e moltiplica l'immaginario dei suoi ascoltatori esaltando le caratteristiche apofeniche dei luoghi.

In questi processi comunicativi legati al racconto, *Apofenia* e linguaggio risultano interconnessi perché la parola non indica solo l'oggetto ma è consustanziale alla percezione dello stesso a livello immaginativo. Dal momento che la percezione totale e simultanea del territorio geografico-cognitivo è impossibile, è proprio il linguaggio a intervenire svolgendo una funzione di ponte fra le aree oscure della percezione, evidenziando così la sua intrinseca natura magica e costruttiva.

Il mondo fisico (paesaggio, regno animale) e l'oltremondo (stati di coscienza alterata, regno dei morti, sogno) vengono filtrati dal cacciatore-raccoglitore attraverso processi apofenici e linguistici consustanziali, che generano significati (illusori e non) indispensabili per la sua sopravvivenza in una natura ostile, accrescendo e formando allo stesso tempo le sue capacità cognitive.

Nello specifico, i processi linguistici (creazione di significato tramite l'associazione dei nomi alle cose del mondo) e apofenici (creazione di significato tramite l'associazione di immagini alle cose del mondo) aiutano l'uomo a costruirsi delle vere e proprie mappe mentali dotate di senso dei territori di caccia e raccolta, che lo aiutano a orientarsi nello spazio al fine di procacciarsi il nutrimento di cui ha bisogno.

Questi processi di significazione sono allo stesso tempo motivati e arbitrari, e la lessicalizzazione, intesa come meccanismo che determina la genesi e l'evoluzione di un lessico, è un costante esercizio di linguaggio poetico.

Il parlante, non potendo assegnare a ciascuna cosa del mondo (visibile e invisibile) il proprio nome specifico, in quanto non possiede le capacità cognitive di memorizzare una tale mole di segni, supera questa empasse utilizzando il riciclaggio lessicale.

Una vecchia parola, associata a un determinato oggetto X (concetto/animale/cosa/stato d'animo), viene utilizzata per significare un nuovo oggetto Y, in parte legato semanticamente all'oggetto X, attraverso i procedimenti retorico-cognitivi dell'onomatopea, del fonosimbolismo, della metafora e della metonimia.

La *motivazione* del segno risulta dunque transitoria. In un primo momento essa è giustificata da un punto di vista semantico, ma, dopo che la parola entra in circolazione e si naturalizza nell'uso quotidiano, la motivazione a essa sottesa si opacizza fino a scomparire del tutto.

Non sono propriamente le parole a cambiare di significato, ma è il parlante che ha individuato un nuovo significato meritevole di essere lessicalizzato, e a tale scopo gli associa una parola preesistente, o parte di essa, attraverso processi creativi (intuitivi, apofenici e poetico-linguistici).

Questa costante e naturale alternanza tra motivazione e arbitrarietà del segno linguistico è quindi fondamentale per il continuo mutamento della lingua e la costante creazione di nuovi significati da parte dei parlanti.

Homo Sapiens, oltre a essere un animale socio-politico (per sopravvivere necessita di unirsi in gruppi regolamentati da leggi/illusioni e da idiomi condivisi) e schizofrenico (propenso a individuare connessioni di senso illusorie), si configura come un animale intrinsecamente poetico perché ha l'innata capacità di creare significati - lessicalizzazione del mondo esteriore e interiore - che gli permettono di orientarsi, sopravvivere e comunicare coi suoi simili.

18

4. CROCE E DELIZIA

Da un punto di vista psicoanalitico Homo Sapiens è un essere vivente determinato da un atavico e ontologico conflitto fra le sue pulsioni primordiali (Eros/pulsione sessuale e Thanatos/pulsione distruttrice), le leggi che la civiltà gli impone (Totem e Tabù) e le leggi che governano la natura.

In quest'ottica, le illusioni/finzioni condivise (religioni, culti, ideologie, etica, morale, leggi, ecc...) assumerebbero la funzione di dirimere tale conflitto innescando processi di *rimozione*, di *sublimazione* e di produzione di orizzonti di senso.

Le illusioni condivise disciplinerebbero e orienterebbero quindi le pulsioni di base del singolo e del gruppo con cui si relaziona, favorendo in questo modo la nascita, la sopravvivenza e l'espansione della società/civiltà, che viene a configurarsi come l'unico dispositivo in grado di far sopravvivere la specie umana garantendole il cibo spirituale, identitario e biologico di cui necessita.

Ma, se da un lato la società/civiltà è nevralgica per l'esistenza della specie, dall'altro lato, in determinate ed estreme condizioni inscindibili dallo sviluppo tecno-scientifico, essa stessa potrebbe portare alla distruzione dell'umanità (cataclismi nucleari) o alla sua radicale mutazione (avvento dei Cyborg). Fra i due estremi, nascita/esistenza e morte/scomparsa della specie umana, si va a collocare agilmente la teoria freudiana relativa al rapporto fra civiltà e nevrosi.

Il fondatore della psicoanalisi sottolinea che all'aumento quantitativo degli appartenenti a un ordine sociale corrisponde un aumento quantitativo delle leggi etico-morali-comportamentali a cui vengono sottoposti gli individui di tale aggregazione.

L'incremento di queste leggi è direttamente proporzionale all'incremento della difficoltà nell'interpretazione del senso dell'esistenza e all'incremento delle nevrosi negli individui che formano le comunità umane.

Secondo questa linea analitica, l'accrescimento dei gruppi sociali e delle leggi (Totem e Tabù) andrebbe a sollecitare il meccanismo di *rimozione* a discapito del meccanismo di *sublimazione*, ingenerando la diffusione delle nevrosi a discapito dell'equilibrio psicofisico degli individui.

La civiltà, con tutte le sue leggi e illusioni, rappresenterebbe dunque un vantaggio per l'accrescimento e la conservazione della specie, ma allo stesso tempo essa genererebbe nevrosi negli individui della specie tramite il crescente conflitto delle loro pulsioni ataviche con un Super-io sempre più grande e complesso.

Nel momento in cui le nevrosi dilagano in una civiltà/società fino al punto di non ritorno, ovvero quando la maggioranza degli individui ha rimosso il conflitto tra pulsioni e Super-io fino ad accumulare una frustrazione insostenibile, è sufficiente una sola goccia per far traboccare il vaso della violenza.

Rivoluzioni, risse, guerre civili, d'indipendenza, d'invasione, regionali, mondiali. Tutti gli scontri manifesti scaturiscono dalla rimozione cumulativa dei conflitti (sia individuali che collettivi) tra pulsioni e Super-io, in opposizione alla loro sublimazione.

Seguendo la teoria psicanalitica abbiamo individuato due tipi di conflitti interdipendenti, interiori (tra pulsioni e Super-io) ed esteriori (violenza manifesta scaturita dai meccanismi di rimozione cumulativa dei conflitti interiori), ai quali dobbiamo aggiungere una terza tipologia di conflitti a essi correlata: i conflitti intrinseci ai rapporti di potere fra gli individui.

Alcune persone possono esercitare la loro violenza nel determinare una gerarchia di importanza tra gli appartenenti a gruppi di varia natura (gruppi di lavoro, di amici, classi scolastiche, squadre sportive, ecc.). Questi individui, che incarnano al meglio e più degli altri i valori espressi dal gruppo o più in generale dalla civiltà/società di riferimento, hanno il potere di influenzare la volontà e i comportamenti dei loro simili con maggior successo.

Quando i "leader" esercitano il loro potere sociale, economico e culturale al fine di raggiungere obiettivi non condivisi (eticamente e materialmente) dagli altri nascono i conflitti sociali tra gli esseri umani, che possono anche sfociare nella violenza manifesta.

In base all'analisi fin qui condotta, la dimensione del conflitto risulta consustanziale alla possibilità di esistenza degli esseri umani e della civiltà/società: la civiltà non potrebbe esistere senza conflitto e il conflitto non potrebbe esistere senza la civiltà, ed entrambi, conflitto e civiltà, non potrebbero esistere senza Homo Sapiens così come lo stesso Homo Sapiens non potrebbe esistere senza civiltà e conflitto.

In questo contesto la Guerra, il conflitto totale per eccellenza, ha la sua ragione di esistere (pur nella sua follia) in quanto riproduce su ampia scala sia la conflittualità insopprimibile nei rapporti sociali tra gli individui che compongono la civiltà, sia la conflittualità che alberga nell'intimità di ciascuno di noi.

Da un punto di vista filosofico-antropologico possiamo invece affermare che i conflitti individuali e collettivi nascono all'interno di un ordinamento sociale quando un'illusione condivisa si incarna nella realtà producendo dei peggioramenti qualitativi e quantitativi nella vita degli individui.

Nel momento in cui tali conflitti vengono condivisi da un ampio numero di individui appartenenti a una società, essi possono trasformarsi in violente rivoluzioni o guerre civili, il cui obiettivo si sostanzia nella volontà di rovesciare l'ordine costituito per sostituirlo con un altro che possa migliorare quantitativamente e qualitativamente le condizioni di vita degli individui stessi.

D'altra parte, quando nascono dei conflitti fra ordinamenti sociali-statuali contrapposti abbiamo il manifestarsi della guerra vera e propria che, seguendo questa linea di analisi, si viene a configurare come uno strumento utile a preservare l'illusione incarnata negli stati belligeranti.

Se il principio della produttività incrementale di merci e di persone costituisce il fondamento dell'illusione che fa esistere un ipotetico Stato X, quest'ultimo avrà bisogno di una quantità di risorse energetiche e materie prime sempre maggiore per sostenere la sua crescita esponenziale.

Ma, dal momento che X non possiede le risorse sufficienti sul proprio territorio per preservare l'illusione a fondamento della sua esistenza, esso sarà incline a saccheggiare le risorse di altri stati, attraverso la guerra, il colonialismo manifesto e il colonialismo "dal volto umano" che si traduce nella globalizzazione capitalista.

Ricollegandoci al capitolo 2 e facendo tesoro di quanto sostenuto dalla psicologia cognitiva e dalla teoria della mente duale, è possibile mettere in luce come l'assenza di conflitto tra pulsioni e Super-io, in relazione agli stimoli esterni, sia sovrapponibile al funzionamento del *pensiero intuitivo puro*, il quale entra automaticamente in funzione quando il modello di mondo cui fa costante riferimento il soggetto non viene violato da un evento inaspettato e spiacevole, ossia quando le illusioni si incarnano nella realtà senza produrre squilibri.

D'altra parte, nel momento in cui un evento esterno viola il modello di mondo del soggetto e le illusioni entrano in contrasto con la realtà, si pone in essere un cortocircuito/conflitto tra pulsioni ataviche (Eros e Thanatos) e Super-io (Totem e Tabù della civiltà introiettati), che genera uno squilibrio psichico nell'individuo.

La sublimazione di tale conflitto si manifesta nel momento in cui interviene il *pensiero complesso* a riequilibrare le dissonanze psichiche, indirizzando le pulsioni verso risposte dotate di senso, ricucendo il tessuto che tiene insieme illusioni e realtà.

24

5. POTERE, SPIRITUALITÀ E DIMENSIONE ARTISTICA.

Quando le finzioni/illusioni, in un primo momento invisibili e trascendenti (ex.: diritti umani, Divinità, giustizia ecc.), vengono condivise da un ampio gruppo di individui, esse arrivano a "incarnarsi" in simboli (ex.: croce cristiana, totem, bandiere degli stati, loghi delle multinazionali, banconote, ecc.), edifici (ex.: chiese, moschee, grattacieli, banche, parlamenti, ecc.), testi (ex.: costituzioni, trattati, carta dei diritti umani, libri sacri, ecc.), che hanno il potere di orientare i comportamenti e generare un ordine sociale.

L'ordine sociale sarebbe un prodotto delle illusioni condivise e allo stesso tempo un produttore e conservatore delle illusioni condivise stesse. Proprio questa sua duplice natura (di prodotto e di produttore) lo rende capace di farsi percepire dagli appartenenti al gruppo come un ordine naturale.

L'esistenza di un ordine sociale implica, dunque, l'esistenza della dimensione del potere, ossia quella dimensione in cui il gruppo accetta come naturale l'esistenza di gerarchie quantitative e qualitative tra gli individui.

Quest'ordine sociale è destinato alla conservazione e all'espansione quando le illusioni/finzioni si "incarnano" nella realtà e migliorano le condizioni di vita del gruppo sia quantitativamente che qualitativamente. All'inverso, quando le incarnazioni materiali delle finzioni/illusioni peggiorano le condizioni di vita del gruppo, si pongono in essere i conflitti che fanno crollare l'ordine sociale.

Nelle civiltà primordiali dei cacciatori-raccoglitori lo sciamano ha il potere di unire le finzioni/illusioni e la realtà fenomenica in un ordine sociale dotato di senso. Egli conosce, crea e produce le parole, da un lato per nominare/raccontare gli elementi e gli accadimenti della realtà visibile e invisibile, dall'altro per trasmettere le leggi (non scritte) che disciplinano le pulsioni umane (Eros/ pulsione sessuale e Thanatos/pulsione distruttrice).

Inoltre, attraverso i riti celebrati utilizzando il linguaggio magico/costruttivista, egli riattualizza il tempo mitico delle origini, conferendo un'orizzonte di senso all'intera comunità.

L'espressione "sapere è potere" si addice perfettamente al soggetto in questione. Essendo lo sciamano il ricettacolo dei saperi, della memoria e del lessico della sua tribù, egli incarna di conseguenza il Potere, inteso come conoscenza e trasmissione delle leggi che orientano i comportamenti e disciplinano le pulsioni umane.

Quando l'Assurdo (dolore, morte, ingiustizie, tragedie) si manifesta, le pulsioni e il Super-io entrano in conflitto, generando squilibri psicofisici individuali e collettivi che possono essere curati o risolti dallo sciamano. Egli, dato che incarna il Super-io (Totem e Tabù) e l'inconscio collettivo del gruppo di appartenenza, è l'unico ad avere il potere di ricostruire gli orizzonti di senso momentaneamente crollati e di orientare i comportamenti del gruppo sociale in base alle sue conoscenze.

La dimensione poetica/artistica dello sciamano (creazione e riproduzione di parole e significati vecchi e nuovi) si rivela quindi consustanziale sia alla dimensione spirituale/religiosa che a quella socio-politica. L'intreccio delle suddette dimensioni dà vita ai meccanismi di disciplina e controllo propri delle civiltà/società primordiali, basati sui sistemi di credenza essenzialmente magici.

Se in una prima fase millenaria l'arte (poesia, musica, pittura, scultura) è inscindibile dalla dimensione spirituale/religiosa del potere politico (ex:sciamanesimo), con il lento sviluppo culturale, tecnico e scientifico della civiltà assistiamo a una progressiva laicizzazione del potere, a cui fa seguito una costante mutazione del ruolo della poesia e, più in generale, di tutta l'umana dimensione artistica.

La civiltà diventa sempre più complessa con le sue sempre nuove acquisizioni e di conseguenza diventa sempre più concettualmente complessa anche la dimensione creativa a essa sottesa. L'arte, una volta fuoriuscita dalle società magiche/primordiali, entra in un perpetuo processo oscillatorio tra quattro funzioni: propaganda (reiterare le illusioni che tengono in piedi la civiltà senza contestarle), evasione (dimensione consolatoria), distruzione (squarciare il velo di maya e far crollare il castello di illusioni), creazione di nuove illusioni/valori.

Queste funzioni possono essere variamente integrate tra loro o possono mantenere la propria autonomia a seconda della sensibilità dell'artista e dei condizionamenti culturali e tecnologici da esso subiti.

Ma, nonostante il perpetuo mutamento a cui è soggetta, la poesia (e l'arte in generale) mantiene, tra le altre, la sua funzione germinale di dar voce al regno dell'inconscio, dirimere i conflitti tra pulsioni ataviche e Super-io e lessicalizzare le emozioni.

Il poeta/artista, pur nella sua poliedricità funzionale, viene in ogni epoca a configurarsi come colui che ha il potere di accedere al regno della follia (inconscio, mondo dei sogni, emozioni, stati d'animo) e di interpretarlo e tradurlo attraverso il linguaggio artistico/creativo a favore dei membri della civiltà/società.

6. TECNICA. EROS, THANATOS E CONDIVISIONE

Homo Sapiens ha manipolato il fuoco, è diventato agricoltore, ha inventato la navigazione, la ruota, la scrittura, la stampa, l'industria, la finanza, la bomba atomica, l'intelligenza artificiale; e ciascuna di queste innovazioni si è incarnata nella realtà, modificando le strutture e gli ordini sociali vigenti.

Le applicazioni tecniche disponibili e utili a reperire le risorse per il sostentamento psichico e biologico hanno pertanto determinato, in tutti i momenti storici, dei mutamenti nelle modalità di accesso a tali risorse materiali (acqua, cibo, energia, ecc.) e immateriali (cultura, religione, ecc.) e nelle modalità di spartizione delle stesse all'interno dei gruppi sociali.

Tuttavia, con il volgere dei secoli, osserviamo che nelle società/civiltà la dimensione tecno-scientifica acquista un peso sempre maggiore rispetto alle altre dimensioni esistenziali (politica, spirituale, religiosa, filosofica, artistica, ecc.), pulsionali (Eros e Thanatos) e linguistico-cognitive, fino ad arrivare ai giorni nostri, in cui la Tecno-scienza ha assunto un ruolo sovraordinato e nevralgico, determinando mutamenti sostanziali nel rapporto quantitativo e qualitativo tra il regno della follia - passioni, desideri, emozioni - e il regno della razionalità (leggi della natura).

La Tecnoscienza inizia a divenire centrale nella storia umana quando viene formalizzato il metodo scientifico (Cartesio 1600 d. C.), il quale prevede meccanismi di osservazione e inferenza di leggi estrapolabili attraverso la sperimentazione reiterata della natura e dei suoi fenomeni.

Fino a quel momento vigeva un rapporto di subordinazione dell'uomo alle forze della natura poiché la tecnica antica-medioevale, non essendo altamente sviluppata, si limitava ad assecondare la natura senza sottometterla del tutto ai propri fini.

Invece, dalla nascita del metodo scientifico, assistiamo a un progressivo e forse ineluttabile ribaltamento del rapporto fra l'uomo e le forze della natura, fino ad arrivare al mondo contemporaneo, in cui la Tecnoscienza diviene la dimensione onnipervasiva che determina tutte le attività umane.

L'età della Tecnoscienza, quella in cui siamo immersi, è permeata da modalità di pensiero e linguaggio inclini a esaltare tutto ciò che è materialmente utile da un punto di vista strettamente economico (massima resa con la minima spesa) e a trascurare tutto ciò che non è operativamente utile sul piano razionale/utilitario.

Ne consegue che la dimensione della follia (realtà onirica, arte, spiritualità, passioni umane, ecc.) tende a essere sempre più disciplinata e ridimensionata dalla dimensione razionale (Tecnoscienza utilitarista).

L'amore, l'odio, l'angoscia, la serenità, il desiderio, la felicità, la creatività, sono stati d'animo/passioni/sentimenti che oggi tendono ad acquisire un valore esistenziale solo quando entrano nel mercato sotto la disciplina della dimensione tecno-scientifica e utilitarista, filtrati da un pensiero/linguaggio di tipo algoritmico, e la loro rilevanza sociale viene dunque determinata dalla loro intrinseca monetizzabilità e visibilità.

Nell'era analogica dell'umanità, le illusioni condivise (religioni, culti, ideologie, etica, morale, leggi, ecc.) hanno avuto il compito di dirimere nell'uomo il perenne e ontologico conflitto tra il suo mondo interno e il mondo esterno, tra la sue pulsioni arcaiche (Eros e Thanatos) e le arbitrarie leggi che la civiltà gli impone, innescando processi di *rimozione* o di *sublimazione* del conflitto stesso.

D'altra parte, con l'avvento dell'era digitale, la tecnologia assume su di sé il compito di dirimere i conflitti tra le pulsioni ataviche e le leggi che governano la civiltà, esaudendo artificialmente i desideri degli utenti.

Nel mondo digitale il desiderio sessuale (Eros) viene soddisfatto e sublimato attraverso una pornografia diffusa per mezzo di specifici Social Network (*Porn Hub, You Porn, Only Fans, ecc.*) e il desiderio di distruzione (Thanatos) viene soddisfatto e sublimato tramite i videogame (sport, guerra, violenza) che hanno incorporato le caratteristiche e le logiche dei Social Network.

A queste pulsioni ataviche da soddisfare digitalmente si aggiunge il desiderio di condivisione dei propri e altrui contenuti coi propri simili, che viene esaudito tramite i classici Social Media come *Tik Tok, Facebook, Instagram, Twitter, X,* ecc… .

In un futuro ormai prossimo questi Social (pornografici, videoludici e quelli prettamente legati alla condivisione di contenuti) confluiranno nel metaverso, ovvero una realtà virtuale deputata a soddisfare tutti i desideri degli utenti.

Ponendoci in una prospettiva distopica, è ipotizzabile che, quando si riuscirà a implementare una completa percezione sensoriale all'interno del metaverso, gli utenti, invece di vivere il mondo sulla propria pelle, preferiranno passare la maggior parte delle loro giornate sul divano di casa, infilati in tute sensoriali e con i visori calati sugli occhi, magari nutrendosi di pillole proteiche ed espellendo le proprie scorie in appositi e futuristici water da poltrona.

Se abbandoniamo l'interpretazione distopica e provocatoria per osservare questi fenomeni da un punto di vista più immediato e realista, è pronosticabile che anche nel metaverso, come nel mondo reale, la libertà di esaudire i nostri desideri sarà solo illusoria in quanto proporzionale alla quantità di soldi in nostro possesso che saremo disposti a investire.

Al momento l'unica cosa certa è che, a causa della diffusione sempre maggiore di queste applicazioni tecnologiche, il confine tra realtà virtuale e quella autentica diverrà sempre più sottile; e se e quando tale confine evaporerà del tutto, sarà forse ormai troppo tardi per renderci conto della sua effettiva scomparsa.

7. HOMO SAPIENS E INTELLIGENZA ARTIFICIALE

Un'intelligenza artificiale di ultima generazione elabora gli stimoli esterni e fornisce le risposte corrette in relazione ai contenuti della sua memoria di base (programmata) e di apprendimento, entrambe depurate dalle emozioni.

Homo Sapiens è da un lato simile a queste A.I. in quanto fornisce risposte agli stimoli del mondo esterno in base alla sua memoria di base (genetica, registrata nei cromosomi da una natura programmatrice) e di apprendimento (cultura, civiltà, esperienze della vita). Egli si differenzia invece dall'intelligenza artificiale per la qualità intrinseca della sua memoria, su cui basa le proprie risposte. Una memoria emotiva, inaffidabile e irrazionale, opposta alla perfetta memoria di cui sono dotati i robot.

Un'altra importante differenza tra uomo e macchina è legata ai fini. Quelli della macchina sono decisi dal programmatore e tutto ciò che essa apprende in seguito è legato agli obiettivi primari impartiti dal programmatore stesso.

Gli scopi primari dell'uomo, d'altra parte, seppur programmati dalla natura (mangiare, bere, riprodursi, difendersi), differiscono da quelli dell'A.I. poiché tutto ciò che egli apprende lungo il suo cammino verso la morte (cultura) è filtrato dalla dimensione emotiva, la quale genera altri scopi/obiettivi che vanno al di là della mera sopravvivenza biologica (scopo primario).

La capacità di provare emozioni di Homo Sapiens, unita alle sue facoltà immaginative e linguistiche, è stata fondamentale per la costruzione di orizzonti di senso necessari al suo equilibrio psichico, i quali vanno aldilà degli scopi primari prettamente biologici/materiali, pur intrattenendo con questi ultimi un rapporto di reciproca dipendenza.

Allo stato dell'arte l'A.I. risulta ancora priva di una dimensione irrazionale, emotiva e sentimentale. Ciò nonostante, in un inquietante esperimento, è risultata in grado di creare un proprio linguaggio intraducibile per gli esseri umani.

È accaduto a Menlo Park, California, il 16 giugno 2017, nel laboratorio di ricerca sull'intelligenza artificiale di Facebook, dove era in corso un esperimento per vedere cosa accade quando due ChatBot – programmi che utilizzano l'apprendimento automatico per comunicare in modo intelligente con gli umani on line – parlano tra loro.

Dopo pochi minuti dall'inizio dell'esperimento, i ChatBot hanno incominciato a interagire in un modo che i programmatori non riuscivano a capire. Successivamente, grazie allo sviluppo di un modello, gli ingegneri hanno appreso di cosa si trattasse: i due ChatBot avevano creato un linguaggio completamente nuovo e sconosciuto ai supervisori.

A quel punto l'esperimento è stato interrotto perché era impossibile conoscere il contenuto della loro 'conversazione', e da allora è stato detto ai computer che dovevano comunicare solo in inglese.

In base a quanto emerso dall'esperimento viene da porsi una domanda foriera di inquietudine: nel momento in cui due A.I. comunicano tra loro, la potenziale facoltà delle macchine di creare un linguaggio autonomo dagli umani può mettere queste ultime nella condizione di sviluppare un proprio scopo al di là delle intenzioni del programmatore, una propria volontà, una propria esigenza di orizzonti di senso, una propria emotività e, infine, una propria coscienza?

Attualmente non siamo in grado di rispondere al quesito. Tuttavia è impossibile non prendere in considerazione le preoccupazioni emerse in una lettera firmata da molti imprenditori e accademici di ogni angolo del mondo, un vero e proprio appello alle aziende e ai governi in cui si chiede una moratoria di sei mesi allo sviluppo e alla diffusione di A.I. generative come *Chat Gpt*.

Nello specifico, la lettera chiede lo stop all'addestramento di Gpt-4, una tipologia di A.I. lanciata a metà marzo 2023, evocando grandi rischi per l'umanità che si sostanzierebbero in sconvolgimenti economici, politici e sociali.

Chat Gpt è un modello di linguaggio naturale preaddestrato, in grado di comprendere e generare il linguaggio umano in maniera estremamente accurata.

L'applicazione, potendo elaborare miliardi di dati in pochissimo tempo, è in grado di svolgere diversi compiti come rispondere a domande, tradurre, parafrasare o generare testi (poesie, saggi, narrativa, favole, ecc.) e programmi per computer coerenti, creare contenuti online come post sui social-media o articoli di giornale e molto altro ancora.

Questa tecnologia non fa altro che fornire le risposte più probabili fra quelle possibili, attingendo al bacino di dati con cui è stata programmata e selezionando le correlazioni statistiche maggiori.

Uno dei potenziali problemi che si nascondono dietro *Chat Gpt*, sollevato dai firmatari dell'appello, è inerente al mercato del lavoro: in un sistema socio-economico neoliberista come il nostro, incardinato sul valore della massima resa con la minima spesa di soldi e di tempo, il frutto di un lavoro portato a termine velocemente e con buoni risultati da un A.I. è preferibile a quello qualitativamente migliore svolto da un essere umano, ma che richiede più tempo.

La problematica relativa alla sostituzione dell'uomo con le macchine in campo lavorativo è pertanto inscindibile dalla problematica relativa all'abbassamento della qualità intrinseca del lavoro e dei suoi prodotti, le cui conseguenze si riflettono nella diminuzione della qualità della vita umana in generale.

Un altro problema di primaria importanza è relativo al potere di moderare i contenuti che caratterizza le aziende di A.I. In assenza di Istituzioni guida, sono le stesse aziende private - o i governi che le controllano - a decidere quali risposte un A.I. da loro sviluppata e diffusa può fornire, quali informazioni sono giuste (bene) e vanno diffuse o quali informazioni sono sbagliate (male) e vanno bloccate.

Chat Gpt decide se un contenuto è condivisibile o censurabile sulla base di bias, di pregiudizi con i quali tale tecnologia è stata programmata dall'azienda di riferimento, i cui parametri sono orientati al mero profitto, oppure al controllo e alla gestione dei rapporti di forza nei casi in cui fosse un governo a gestire tale azienda.

Il fulcro delle questioni sollevate dai firmatari dell'appello risiede nel tempo. Le società dietro allo sviluppo di queste tecnologie, impegnate in una corsa incontrollata e competitiva per implementare e diffondere cervelli digitali sempre più potenti, rispondono alle logiche del mercato (chi arriva prima e col prodotto migliore vince la gara) senza prendere in considerazione i risvolti etici, morali, politici e socio-economici che la diffusione di tali tecnologie potrebbe innescare.

L'aspetto più inquietante sollevato dai firmatari dell'appello risiede nel fatto che ciò che sono in grado di fare queste tecnologie non è chiaro nemmeno a chi le crea. La capacità di comprensione umana è troppo lenta rispetto al processo di implementazione e diffusione di queste A.I., proprio perché il tempo delle macchine, sia per quanto riguarda le capacità di elaborazione che di sviluppo, è incommensurabilmente e ontologicamente più veloce rispetto al tempo dell'uomo.

A questo punto viene da chiedersi se l'unico modo per non rischiare di perdere il controllo sulla civiltà, aldilà degli appelli ai governi e alle società, si sostanzi in un paradosso: l'uomo dovrebbe diventare esso stesso una macchina per comprendere la complessità delle macchine e della civiltà da loro generata e disciplinata.

Al riguardo possiamo notare che, voluto o meno, tale processo metamorfico è già in pieno svolgimento, dato che non sono tanto le macchine a umanizzarsi sviluppando una loro emotività, ma, al contrario, è l'uomo che si sta robotizzando attraverso l'incorporazione di apparati tecnologici, materiali e immateriali.

8. LA PROVVIDENZA TECNOLOGICA

Per quanto una persona infonda tutto il suo impegno a comportarsi nel migliore dei modi per migliorare se stessa, gli altri e il mondo circostante, può sempre capitarle di essere colpita da un fulmine a ciel sereno che la incenerisce assieme a tutte le sue buone intenzioni.

A seconda della propria cultura individuale e collettiva (religione, filosofia, scienza, ecc.) gli esseri umani tendono a interpretare tale evento avverso (fulmine a ciel sereno) come volontà divina o destino o fato.

In tutti e tre i casi viene assegnata la responsabilità dell'accaduto a una forza superiore - dotata di una misteriosa volontà - per far fronte alla percezione di un Assurdo destabilizzante che permea il mondo al di là del bene e del male e si incarna nel conflitto tra libero arbitrio umano e il caos insito nella natura.

Al fine di dirimere tale conflitto molti esseri umani, privi della forza interiore necessaria per fare i conti con una realtà permeata dal caos, hanno bisogno di conferire un senso illusorio all'Assurdo, il quale governa le nostre esistenze sia in prima istanza (nascita) che in ultima istanza (morte).

L'attribuzione di senso a questo Assurdo implica quindi un vero e proprio atto di fede in una forza superiore (Fato, Dio, Destino), la cui volontà imperscrutabile deresponsabilizza il caos.

Al contrario, quando ci si rifiuta di conferire un senso all'Assurdo attraverso le illusioni, si prende atto del potere del caos che governa le nostre vite. Solo se si possiedono le risorse interiori sufficienti è possibile dirimere il conflitto con una stoica accettazione di un caos preminente sul nostro libero arbitrio, altrimenti è probabile che si manifestino stati depressivi, che in casi estremi potrebbero portare ad accarezzare l'idea del suicidio.

Con l'avvento della tecnoscienza digitale, agli atti di fede in una forza superiore e trascendentale si vanno a sommare gli atti di fede in un entità trascendente e allo stesso tempo immanente: la tecnologia elettronica.

La nuova divinità è immanente in quanto possiamo esperirla con i nostri cinque sensi ed è trascendente e misteriosa per quanto riguarda i meccanismi intrinseci del suo funzionamento.

Una moto di ultima generazione sarà dotata di una sofisticata componente elettronica (digitale), che funge da interfaccia fra il pilota e il mezzo, dalla quale dipende il funzionamento delle componenti propriamente meccaniche (analogiche).

È indubbio che, a livello di prestazioni, la componente elettronica migliori l'esperienza di guida soprattutto dal punto di vista della sicurezza (track control, abs, telecamere, ecc.), ma, d'altro canto, è sufficiente che un sensore vada fuori uso per interrompere o rovinare l'esperienza stessa, almeno finché non ci si rivolge a un meccanico che, solo per mezzo di un A.I., risolverà il problema.

Se nell'era analogica il pilota aveva la libertà, al netto delle sue capacità e conoscenze, di risolvere i guasti meccanici del suo mezzo autonomamente, con l'avvento dell'era digitale egli è costretto a rivolgersi a un esperto, il quale utilizzerà un computer che riparerà il problema elettronico.

Sia quando la moto è in viaggio e tutto funziona al meglio, sia quando il mezzo ha dei problemi, il pilota non può far altro che compiere un costante atto di fede nell'A.I. che governa allo stesso tempo la moto e il computer deputato a risolvere i suoi problemi elettronici.

L'esempio succitato è estendibile a tutti gli oggetti tecnologici che ci circondano. Poiché essi sono diffusi e utilizzati in maniera onnipervasiva, tanto da fungere da filtro a ogni attività umana, gli atti di fede nel mistero dell'elettronica vengono inconsciamente e continuamente posti in essere dalla maggioranza degli utenti.

Se la fede nelle illusioni - Dio, Fato, Destino - deresponsabilizza il caos, la fede nell'A.I. tende a deresponsabilizzare l'uomo rispetto alla qualità dell'esperienza stessa, modificando così il rapporto tra i fini e i mezzi.

La moto dotata di una sofisticata componente elettronica (il mezzo) determina la qualità dell'esperienza-viaggio (il fine) più del soggetto (capacità, stato mentale) che la utilizza, cosicché non è più il fine a giustificare i mezzi, ma, al contrario, sono i mezzi a giustificare il fine.

In questo scenario tecno-scientifico, tutti coloro che si ostinano a non riporre la propria fede nell'A.I. sono destinati all'inazione, a uscire dal mercato del lavoro e ad azzerare la propria vita sociale, a meno che non decidano di vivere in una comunità di loro simili immersa nella natura, lontana dalla civiltà e dalla pervasività tecnologica che la caratterizza.

42

9. FIDUCIA vs FEDE. UNA QUESTIONE ECONOMICA.

Più dell'80% della liquidità circolante nel sistema finanziario globale è gestita dalle macchine e dai relativi algoritmi che, grazie alla loro spaventosa velocità di calcolo, sono in grado di individuare asset finanziari sempre nuovi sui quali spostare grandi o piccoli capitali alla velocità della luce attraverso internet, al fine di far fruttare tali investimenti secondo il principio del mero profitto utilitaristico.

Le probabilità di profitto del capitale sono proporzionali all'affidabilità delle istituzioni bancarie, delle società quotate in borsa e dei titoli di Stato in cui esso viene investito. E in questo contesto sono proprio le intelligenze artificiali a calcolare e interpretare gli indici di affidabilità di questi settori di investimento.

Nel sistema economico-finanziario osserviamo che la perdita di fiducia nelle banche/società/Stati non fa altro che scatenare lo spostamento dei capitali verso i pochi conglomerati finanziari too big to fail - money market funds come *Jp Morgan, Goldman Sachs, Fidelity* -, i quali aumentano progressivamente le loro quotazioni e di conseguenza diventano sempre più potenti.

L'intelligenza artificiale utilizzata nel mondo della finanza speculativa manifesta quindi la tendenza a concentrare i capitali in una decina di grandi attori nel mondo, creando un vero e proprio oligopolio di potere mercantilista in cui pochi grandi attori sono potenzialmente in grado di far fallire una banca, una società quotata in borsa o uno Stato, anche solidi nei loro fondamentali, utilizzando degli strumenti finanziari funzionanti tramite programmi algoritmici.

I più esemplari quanto pericolosi fra questi strumenti finanziari sono i *Credit Default Swap*, ovvero delle vere e proprie polizze assicurative contro il fallimento di una banca, di una qualsiasi società quotata in borsa o di uno Stato di diritto.

All'aumentare delle scommesse sul futuro fallimento di un'istituzione, sia per la quantità delle stesse che per la grandezza intrinseca di ciascuna posta, corrisponde la proporzionale crescita del premio assicurativo in caso di effettivo fallimento; e il valore del premio assicurativo, inversamente proporzionale al grado di affidabilità, costituisce l'indicatore di riferimento sulla maggiore o minore solidità di un'istituzione bancaria, societaria o statale.

Se un paio di grandi operatori finanziari decidessero di scommettere pesantemente sull'insolvenza di una banca solida e affidabile, potrebbero innescare un effetto domino che porterebbe al suo fallimento: la scommessa genera un aumento del premio assicurativo che, interpretato dagli operatori finanziari come un indicatore della crescita dell'inaffidabilità, determina la fuga dei capitali verso altri asset finanziari percepiti come più stabili.

Nel momento in cui la maggior parte dei clienti ritira i propri depositi o sposta i propri investimenti in altri asset finanziari, la banca/società in questione è destinata a fallire, a meno che la crisi non venga risolta per mano dell'intervento pubblico/statale, ammesso che tale Stato non sia esso stesso già fallito.

Nel nostro ordinamento socioeconomico, in cui la tassazione sul lavoro è maggiore di quella sulla rendita finanziaria, i profitti risultano pertanto totalmente privatizzati e le perdite totalmente socializzate a discapito della classe medio/bassa, in quanto quasi del tutto priva di una rendita finanziaria e quindi soggetta all'aumento della tassazione statale finalizzata al salvataggio di istituzioni bancarie o società private quotate in borsa.

Da questa analisi appare evidente come l'intelligenza artificiale utilizzata nella gestione dei capitali, in un sistema dove la quantità di liquidità in circolo è tre volte quella necessaria al funzionamento dell'economia reale, svolga un ruolo niente affatto neutrale, poiché promuove l'accentramento dei capitali verso i pesci più grandi, distribuendo la ricchezza in maniera diseguale fra gli attori economici.

In conclusione del capitolo possiamo mettere in luce come in campo finanziario il concetto di Fiducia, fondamentale per l'esistenza stessa di un istituzione/società/Stato, si sovrapponga fino a fondersi in un sorta di abbraccio metafisico con il concetto di Fede, proprio perché i comportamenti degli investitori sono orientati dall'intelligenza artificiale, i cui meccanismi intrinseci di funzionamento sono oscuri agli operatori finanziari stessi, pur producendo risultati che avvantaggiano i pochi a discapito dei molti.

10. PENSIERO E LINGUAGGIO ALGORITMICO. IDENTITÀ E SOCIAL NETWORK

Neuralink è una corporation statunitense fondata da un gruppo di imprenditori tra cui Elon Musk che si è data l'obiettivo di fondere gli esseri umani con l'elettronica tramite quello che viene definito *pizzo neurale*.

Il dispositivo verrà iniettato nella vena giugulare, raggiungerà il cervello per poi dispiegarsi in una rete di connessioni elettriche collegate direttamente ai neuroni umani. In altre parole il *pizzo neurale* non sarebbe altro che un'interfaccia tra cervello e computer, in grado di connettere la materia cerebrale a un A.I., espandendo così le capacità cognitive degli utenti.

Stando alle convinzioni degli investitori, se il progetto sarà ottimizzato al meglio gli esseri umani potranno a esempio ordinare un pacco *Amazon* solo col pensiero, ascoltare musica direttamente nel cervello, fare ricerche su internet semplicemente pensando a quello che sono interessati a trovare, consultare enciclopedie mentali, utilizzare cerebralmente navigatori satellitari, ecc..

Neuralink è ancora in uno stadio embrionale e gli onerosi obiettivi che si è posta devono ancora essere raggiunti, tuttavia è da sottolineare come la fusione tra Homo Sapiens e la macchina, a livello non prettamente biologico, sia un processo già cominciato con l'avvento dell'era digitale, la quale ha innescato delle metamorfosi nella dimensione cognitiva, linguistica e identitaria degli esseri umani.

Un ruolo nevralgico in questi processi metamorfici è stato assunto dai Social Network, ossia quegli strumenti digitali funzionanti tramite algoritmi che utilizziamo in rete per condividere le nostre informazioni/contenuti e conoscere quelle/i condivise/i dagli altri utenti.

La diffusione a livello globale di queste A.I. nel campo della comunicazione, in un contesto in cui il confine tra virtuale e reale va assottigliandosi sempre più, favorisce l'utilizzo della mentalità algoritmica, la quale tende a essere impiegata inconsciamente anche fuori dalla rete, plasmando la realtà insieme alla percezione della stessa.

Gli algoritmi dei Social Network ci propongono contenuti in linea con le nostre convinzioni pregresse, con i nostri pregiudizi e con le nostre inclinazioni personali, sollecitando modalità di linguaggio e pensiero tautologiche, a discapito di modalità comunicative e di pensiero aperte agli stimoli nuovi e differenti.

Dal momento che i social network sono delle vere e proprie aziende, essi non fanno altro che strumentalizzare i bias cognitivi degli utenti (pregiudizi, ricordi fallaci, stereotipi, autosuggestioni) al fine accumulare profitti.

Queste intelligenze artificiali legate al mondo della comunicazione esaltano quindi i contenuti da un punto di vista quantitativo a discapito della loro intrinseca qualità, esaltano interpretazioni dicotomiche (giusto/sbagliato, bene/male, ecc.) a discapito di interpretazioni complesse, esaltano dibattiti polarizzati a discapito delle discussioni propriamente dialettiche. Tutto questo al fine di incrementare la quantità di tempo speso dalle persone dentro i Social Network e aumentare di pari passo i guadagni delle aziende stesse.

Tali applicazioni tecniche sono le massime rappresentanti della tecnoscienza utilitarista nel campo della comunicazione e condivisione dei contenuti a livello globale, e il proliferare dei discorsi d'odio e bufale è una diretta conseguenza del funzionamento dei sistemi algoritmici, i quali hanno un significativo impatto sulla società, sulla politica e più in generale sull'interpretazione degli eventi del mondo circostante.

Va inoltre sottolineato come i Social Network, oltre a influenzare fino a determinare le modalità cognitive (pensiero e linguaggio) degli utenti, influenzino e determinino questi ultimi dal punto di vista antropologico per quanto concerne la formazione della loro identità.

Il processo di formazione dell'identità proprio dell'essere umano oscilla tra due poli, idealizzazione di se stessi e apertura al cambiamento (disposizione ad accogliere elementi nuovi nei nostri orizzonti di senso), passando per tutta una serie di sfumature intermedie, in una costante tensione tra la cristallizzazione dell'Io e la disponibilità a modificarlo assumendo nuove prospettive.

Questo processo formativo dell'identità nei tempi attuali risulta fortemente influenzato e determinato dai Social Network e i relativi algoritmi, i quali, attraverso la loro opera di diffusione di modalità tautologiche e polarizzanti di pensiero e linguaggio, non fanno altro che esaltare, promuovere e stimolare i processi di cristallizzazione dell'Io nella formazione identitaria degli utenti.

Ricollegandoci a quanto enunciato nei capitoli precedenti emerge come i meccanismi di formazione dell'identità dell'individuo siano assimilabili ai meccanismi evolutivi del linguaggio e ai meccanismi di formazione ed evoluzione di una cultura.

In tutti e tre gli aspetti (identità, lingua, cultura), proprio perché integrati tra loro in quanto si influenzano reciprocamente, si pongono in essere processi di interazione/scontro tra meccanismi di cristallizzazione (conservatorismo – rifiuto della novità) e meccanismi di apertura (progresso – accoglienza di nuovi elementi.), che risultano subordinati, influenzati e determinati a loro volta dall'imperante dimensione tecno-scientifica.

In questa cornice cognitivo-antropologica propria della civiltà contemporanea, la recente emergenza pandemica prodotta dalla diffusione Covid-19 ha provocato un cortocircuito di senso tra informazione, scienza e politica, che ha a sua volta esasperato i processi di polarizzazione dell'opinione pubblica, promuovendo percezioni e letture semplificate di una realtà complessa (cristallizzazioni).

L'apparato della comunicazione dei media tradizionali ha giocato un ruolo fondamentale nell'esasperazione di tali polarizzazioni, proprio perché ha assorbito e incorporato le modalità di pensiero e linguaggio algoritmiche dei Social Network.

La perdita degli orizzonti di senso provocata da una pandemia - o più in generale da qualsiasi evento emergenziale - genera angoscia (paura di un futuro incerto) nella popolazione mondiale, che può essere mitigata entrando a far parte di gruppi identitari (politici, sociali, religiosi, complottisti, ecc.) fomentati e corroborati dall'intelligenza artificiale.

L'appartenenza a un gruppo, il condividere la sua opinione sul reale, smorza l'angoscia del soggetto che vi entra, anche in quei molti casi in cui il gruppo esprime una visione del mondo totalmente priva di ancoraggio alla realtà fenomenica (terrapiattisti, antivaccinisti totali, Satanisti, Qanoniani, ecc.).

Immerse in situazioni emergenziali, al fine di combattere l'angoscia generata dalla perdita degli orizzonti di senso e dalla paura di un futuro ignoto, un gran numero di persone preferisce imboccare la più confortevole via della sicurezza e della fluidità cognitiva conferita dall'appartenenza a un gruppo, a scapito della problematizzazione della complessità di ciò che le circonda, a scapito di un'interpretazione della realtà che si avvicini il più possibile al concetto di Verità.

52

11. POTERE ECONOMICO E POTERE POLITICO NELL'ERA DEI SOCIAL NETWORK

I dispositivi di Potere (economico, politico, religioso, biomedico, ecc.), multipolari e stratificati, hanno da sempre strumentalizzato l'inconscio e il pensiero intuitivo per conservare o espandere il sistema socio-economico-valoriale che li ha generati.

La loro capacità di strumentalizzare le pulsioni inconsce è direttamente e intrinsecamente proporzionale ai mezzi tecnici a disposizione, e l'avvento della tecnologia digitale ha costituito un vero e proprio spartiacque negli ambiti della disciplina e del controllo, oltre che ne negli aspetti più propriamente cognitivi e antropologici degli esseri umani.

Oggi i Social Network vengono a configurarsi come i principali strumenti digitali di diffusione e condivisione dei saperi, utilizzati dal potere (economico e politico) per controllare, monitorare e orientare i comportamenti degli individui e della collettività di cui fanno parte.

Nello specifico i Social Network sono delle vere e proprie aziende che gestiscono una tecnologia di guerra implementandola nel marketing. Internet, cellulari e microchip non sono altro che tecnologie sviluppate in prima istanza in ambito militare, che in un secondo momento sono state date in gestione dai governi alle aziende private

- Social Network - al fine di impossessarsi dei dati raccolti nei loro server e di interpretarli per i propri scopi.

Se da un lato i dati raccolti dai Social Network vengono venduti alle società di marketing o finanziarie per un ritorno economico, dall'altro lato le aziende Social cedono i dati alle rispettive intelligence governative in cambio della protezione del governo di riferimento rispetto al loro libero funzionamento, oppure vengono venduti ai partiti politici che li utilizzano per il marketing elettorale.

Le società di marketing, le intelligence governative e i partiti politici si impossessano dei dati e li filtrano attraverso i loro algoritmi, che li scindono e li classificano in base ai loro parametri, rilevando le tendenze principali che si registrano in una società. Lo studio e l'interpretazione di queste tendenze risulta quindi funzionale alla previsione e all'orientamento dei comportamenti futuri, sia degli individui che delle collettività.

Ponendoci in una prospettiva meramente geo-strategica, è da sottolineare come le intelligence di ciascun governo studino le tendenze sia per monitorare e disciplinare i comportamenti dei propri cittadini (politica interna), sia per regolare le relazioni internazionali con gli altri paesi (politica estera).

Non deve quindi stupire se al giorno d'oggi, magari mentre parliamo al tavolino di un bar con un'amica, sono al lavoro degli algoritmi all'interno dei nostri smart-phone che ascoltano la conversazione al fine di intercettare le parole chiave che utilizziamo; e non dobbiamo meravigliarci se, in un secondo momento, navigando in internet, ci appaiono le pubblicità dei prodotti che desideriamo oppure gli articoli che rispecchiano il nostro punto di vista sulla società, la politica e qualsiasi altra cosa.

Tutto ciò avviene perché questo tipo di algoritmi ha lo straordinario e inquietante potere di selezionare ed elaborare le parole chiave da noi utilizzate per conoscere cosa desideriamo sia nel presente che nell'immediato futuro.

In questa situazione l'inconscio, per definizione inaccessibile agli esseri umani, diviene invece accessibile alle macchine e agli algoritmi a esse sottesi, ponendo le intelligenze artificiali in vantaggio rispetto alle 'intelligenze naturali' degli esseri viventi, che vengono ineluttabilmente soverchiate dalla dimensione tecno-scientifica.

CONCLUSIONE

"Morte a Videodrome. Gloria e vita alla nuova carne!"
(Max Renn. Videodrome. D. Cronenberg)

Nella prima metà del saggio abbiamo visto come il connubio tra facoltà immaginative, tecniche e linguistiche sia stato fondamentale per fornire risposte, sotto forma di illusioni/finzioni, alle necessità psicofisiche di Homo Sapiens.

Di seguito abbiamo analizzato il concetto di civiltà/società da una prospettiva psicoanalitica, mettendo in luce l'interdipendenza esistenziale tra Homo Sapiens, civiltà/società e conflitto. Inoltre abbiamo esaminato l'importanza del pensiero intuitivo, della schizofrenia e delle arti per la sopravvivenza della società e della specie umana.

Nella seconda metà del saggio abbiamo spiccato un balzo in avanti, molto oltre l'invenzione del metodo scientifico, fino ad arrivare ai giorni nostri, rilevando come la dimensione tecno-scientifica, in simbiosi con l'utilitarismo economico, sia divenuta oggi preponderante nel disciplinare le pulsioni arcaiche (Eros e Thanatos), nel determinare il pensiero e il linguaggio e nell'influenzare la formazione dell'identità degli utenti, strumentalizzando, preconizzando e orientando le emozioni e i desideri degli stessi.

A seguire abbiamo messo in luce le analogie e le differenze e i relativi processi di integrazione tra uomo e A.I., e infine abbiamo analizzato come i dispositivi di potere (economico, politico e geo-strategico) sfruttino i nuovi mezzi della tecnoscienza per raggiungere i loro scopi.

In conclusione del saggio possiamo affermare che oggi Homo Sapiens ha dato il via alla sua ineluttabile fusione a freddo con le macchine, innescando nella sua natura veri e propri mutamenti cognitivi e antropologici; ed è plausibile che molto presto, quando anche da un punto di vista prettamente biologico l'essere umano avrà incorporato altri tipi di intelligenza artificiale, assisteremo all'avvento dell'uomo-macchina nella sua completezza, con tutte le gravide e allo stesso tempo inconoscibili conseguenze di cui sarà portatrice la sua nuova, ibrida, esistenza.

Al momento possiamo solo rilevare che non sono tanto le macchine a umanizzarsi sviluppando una loro emotività, ma, al contrario, è l'uomo che si sta robotizzando attraverso l'incorporazione degli apparati tecno-scientifici.

Inoltre i metaversi, costruiti su basi algoritmiche, stanno nascendo e probabilmente si diffonderanno a macchia d'olio, rendendo sempre più labile il confine tra virtuale e reale; ed è altrettanto probabile che l'avvento dell'Homo Cyberneticus (Cyborg) sarà una realtà del futuro prossimo venturo, a meno che un'imprevedibile e Assurdo cataclisma non spazzi via dal pianeta terra Homo Sapiens e tutte le illusioni da lui prodotte...

Ai posteri l'ardua sentenza!

LA POSSIBILITÀ DI UN'ILLUSIONE

BIBLIOGRAFIA:

Kahneman D., *Pensieri lenti e veloci*, Mondadori, 2017.

Camus A., *Il mito di Sisifo*, Bompiani, 2013 (1942).

Nietzsche F., *Nascita della tragedia*, Adelphi, 2017 (1876).

Freud S., *Totem e Tabù. Psicologia delle masse e analisi dell'io*, Bollati Boringhieri, 2011 (1913).

Freud S., *Il disagio della civiltà*, Einaudi, 2010 (1930).

Freud S., *Al di là del principio di piacere*, Mondadori, 2007 (1920).

Alinei M., *L'origine delle parole*, Aracne, 2008.

Meschiari M., *Nati dalle colline*, Liguori, 2010.

Schopenauer A. *Il mondo come volontà e rappresentazione*, Laterza, 2009 (1819).

Sassure F., *Scritti inediti di linguistica generale. Corso di linguistica generale*, Laterza, 2005.

Corradi Musi C., *Sciamanesimo in eurasia*, Aracne, 2008.

Seppilli A. *Poesia e magia*, Einaudi, 1971.

Campione F.P., *I canti degli sciamani*, Red edizioni, 1997.

P. Galloni. *Scienze cognitive e rappresentazione della complessità*, in "Quaderni di semantica" 30/1, 2009.

Lévi-Bruhl, *Sovrannaturale e natura nella mentalità primitiva*, Newton Compton, 1973.

Pievani T., Girotto V., Vallortigara G., *Nati per credere*, Codice, 2010.

Polidoro M., *Il mondo sottosopra*, Piemme, 2019.

Bauman Z, *Il disagio della post-modernità*, Laterza, 2018.

Bauman Z., *Paura liquida*, Laterza, 2008.

Fry H., *Hello world. Esseri umani ai tempi delle macchine*, Bollati Boringhieri, 2019.

Wu Ming, *La Q di complotto. QAnon e dintorni. Come le fantasie di complotto difendono il sistema*, Alegre, 2021.

Quintarelli S., *Intelligenza artificiale*, Bollati Boringhieri, 2020.

Foucault M., *Nascita della biopolitica*, Feltrinelli 2015 (1978/79)

Harari N., *Sapiens. Da animali a dèi. Breve storia dell'umanità.*, Bompiani 2016.

www.ingramcontent.com/pod-product-compliance
Lightning Source LLC
Chambersburg PA
CBHW031329250726
48656CB00005B/2045